Impressum
Verlag: BABADADA GmbH, Nedderfeld 112 , 22529 Hamburg
Geschäftsführer / Verlagsleitung: Harald Hof
Druck: Books on Demand GmbH, In de Tarpen 42, 22848 Norderstedt

Imprint
Publisher: BABADADA GmbH, Nedderfeld 112 , 22529 Hamburg, Germany
Managing Director / Publishing direction: Harald Hof
Print: Books on Demand GmbH, In de Tarpen 42, 22848 Norderstedt, Germany

Schule
skola

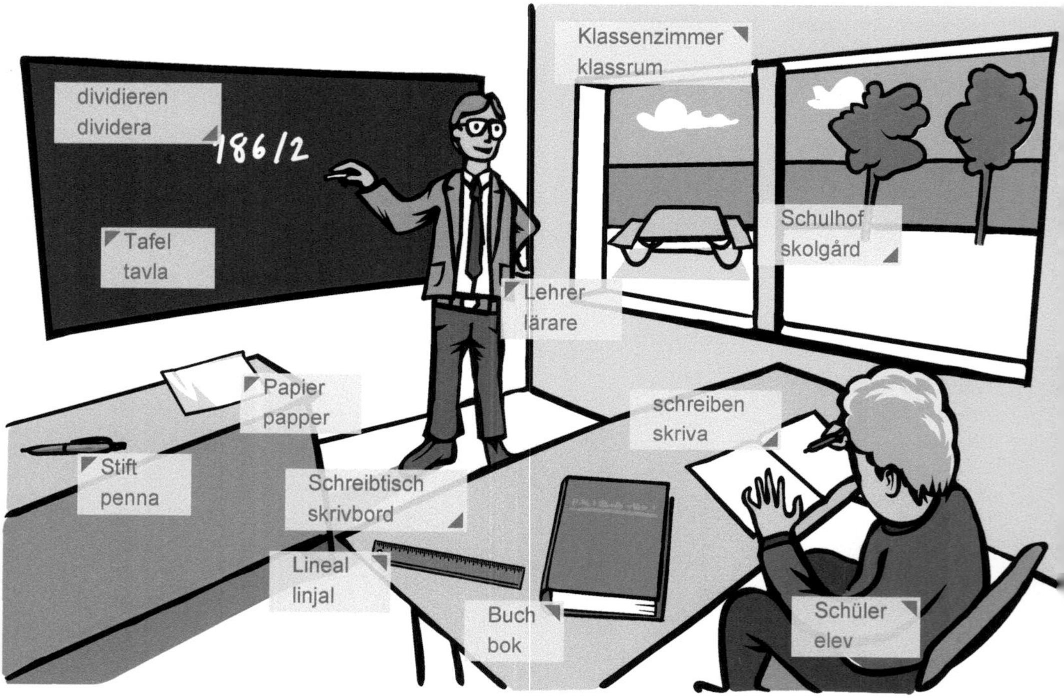

Klassenzimmer
klassrum
dividieren
dividera
186/2
Tafel
tavla
Schulhof
skolgård
Lehrer
lärare
Papier
papper
schreiben
skriva
Stift
penna
Schreibtisch
skrivbord
Lineal
linjal
Buch
bok
Schüler
elev

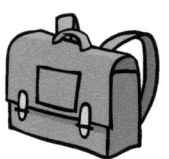

Ranzen

skolväska

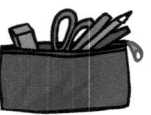

Federmappe

pennfodral

Bleistift

blyertspenna

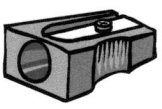

Bleistiftanspitzer

pennvässare

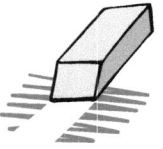

Radiergummi

suddgummi

Zeichenblock

ritblock

Zeichnung

teckning

Pinsel

pensel

Malkasten

målarlåda

Schere

sax

Klebstoff

lim

Übungsheft

övningsbok

Hausaufgabe

hemläxa

12

Zahl

tal

2+2

addieren

addera

5-2

subtrahieren

subtrahera

2×2

multiplizieren

multiplicera

rechnen

räkna

A

Buchstabe

bokstav

ABCDEFG
HIJKLMN
OPQRSTU
VWXYZ

Alphabet

alfabet

hello

Wort

ord

Text

text

lesen

läsa

Kreide

krita

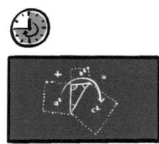

Stunde

lektion

Klassenbuch

register

Prüfung

prov

Zeugnis

intyg

Schuluniform

skoluniform

Ausbildung

utbildning

Lexikon

uppslagsverk

Universität

universitet

Mikroskop

mikroskop

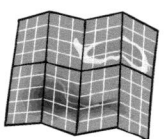

Karte

karta

Papierkorb

papperskorg

Reise
resa

Hotel
hotell
Grand
Herberge
vandrarhem
ROOMS
Wechselstube
växelkontor
Koffer
resväska
Auto
bil

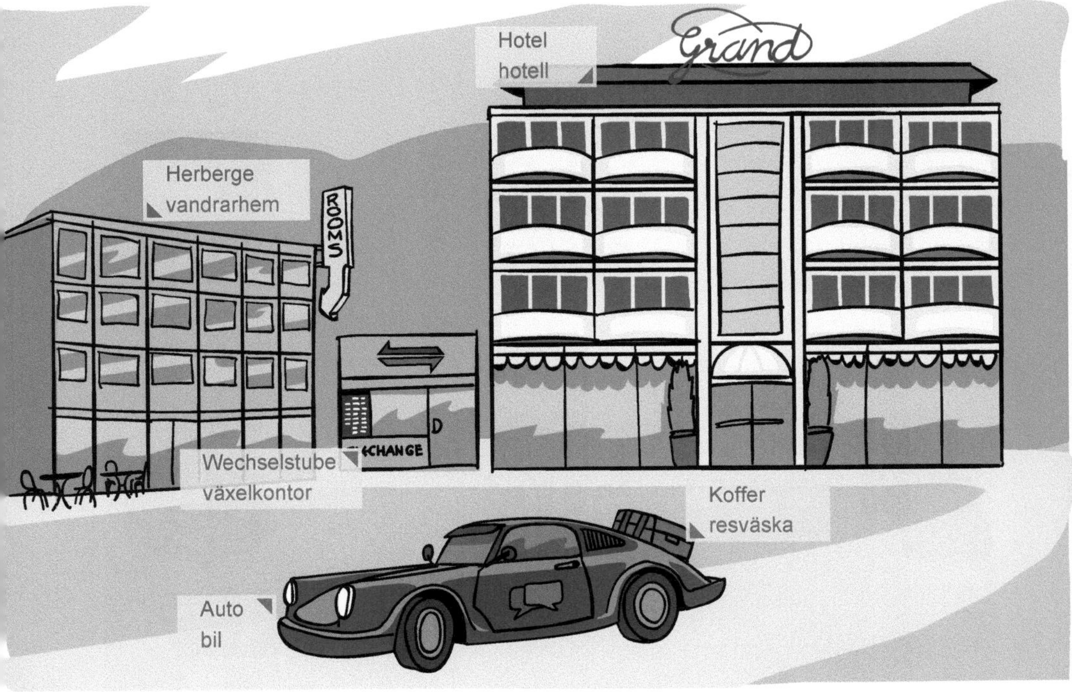

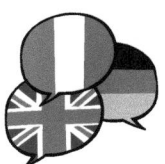

Sprache

språk

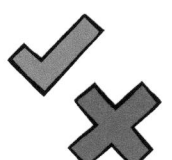

ja / nein

ja / nej

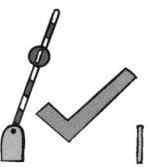

Okay

Okay

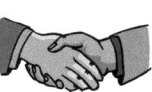

Hallo

hej

Übersetzer

översättare

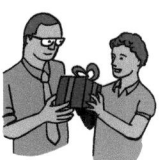

Danke

Tack

Was kostet...?

hur mycket kostar...?

Ich verstehe nicht

jag förstår inte

Problem

problem

Guten Abend!

God kväll!

Guten Morgen!

God morgon!

Gute Nacht!

God natt!

Auf Wiedersehen

hejdå

Richtung

riktning

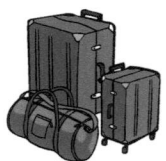

Gepäck

bagage

Tasche

väska

Rucksack

ryggsäck

Gast

gäst

Zimmer

rum

Schlafsack

sovsäck

Zelt

tält

Touristeninformation

turistinformation

Strand

strand

Kreditkarte

kreditkort

Frühstück

frukost

Mittagessen

lunch

Abendessen

middag

Fahrkarte

biljett

Fahrstuhl

hiss

Briefmarke

frimärke

Grenze

gräns

Zoll

tull

Botschaft

ambassad

Visum

visum

Pass

pass

Transport
transport

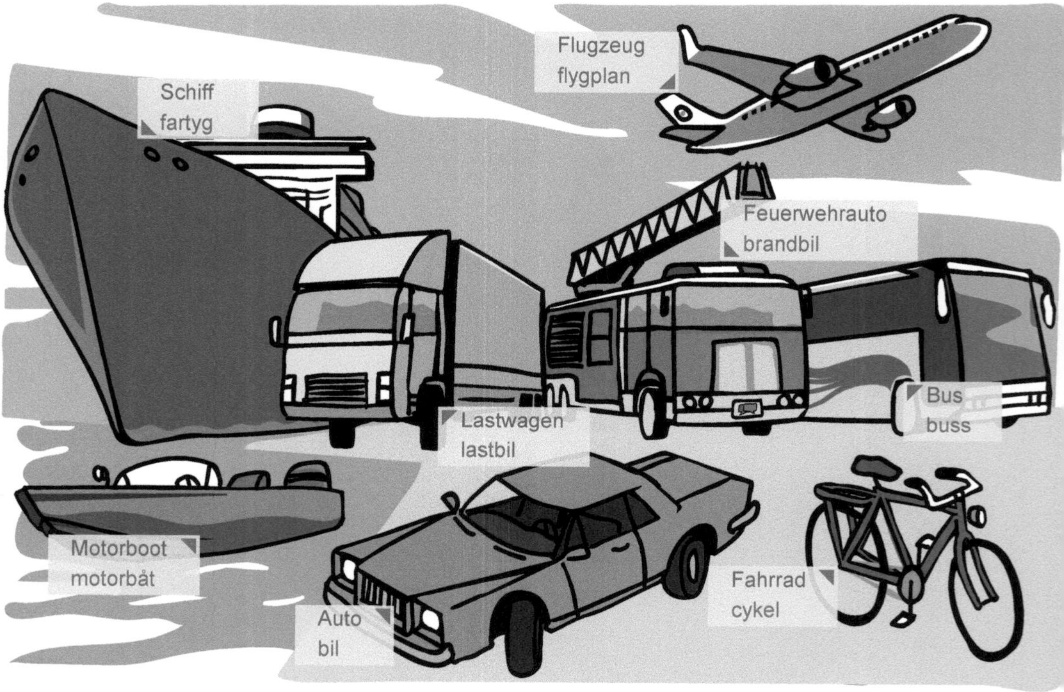

Flugzeug
flygplan
Schiff
fartyg
Feuerwehrauto
brandbil
Bus
buss
Lastwagen
lastbil
Motorboot
motorbåt
Fahrrad
cykel
Auto
bil

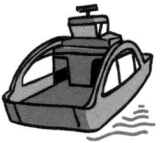

Fähre

færja

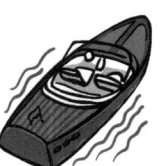

Boot

båt

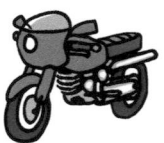

Motorrad

motorcykel

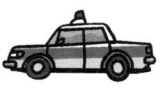

Polizeiauto

polisbil

Rennauto

racerbil

Mietwagen

hyrbil

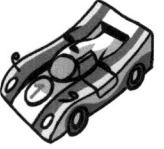

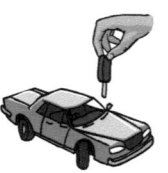

Carsharing

bilpool

Abschleppwagen

bärgningsbil

Müllauto

sopbil

Motor

motor

Kraftstoff

bränsle

Tankstelle

bensinstation

Verkehrsschild

vägmärke

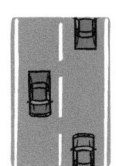

Verkehr

trafik

Stau

bilkö

Parkplatz

parkeringsplats

Bahnhof

tågstation

Schienen

räls

Zug

tåg

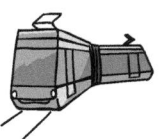

Straßenbahn

spårvagn

Wagon

vagn

Helikopter
helikopter

Flughafen
flygplats

Tower
torn

Passagier
passagerare

Container
container

Karton
kartong

Karren
vagn

Korb
korg

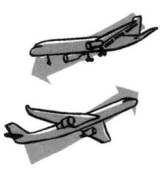

starten / landen
starta / landa

Stadt
stad

Dorf
by

Stadtzentrum
centrum

Haus
hus

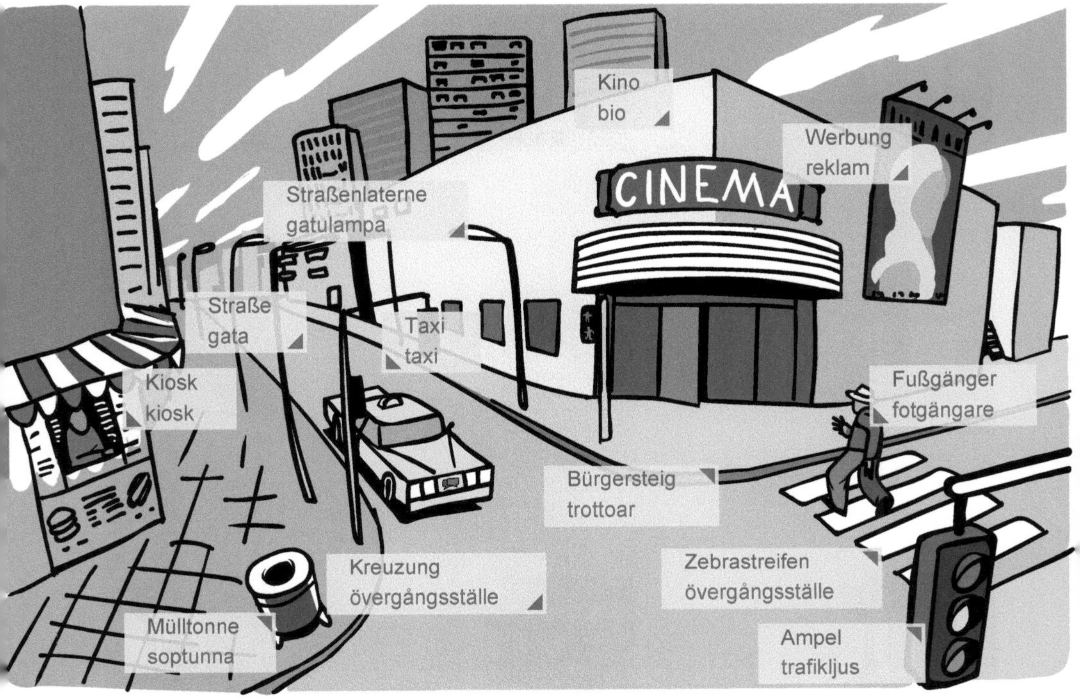
Kino
bio
Werbung
reklam
CINEMA
Straßenlaterne
gatulampa
Straße
gata
Taxi
taxi
Kiosk
kiosk
Fußgänger
fotgängare
Bürgersteig
trottoar
Kreuzung
övergångsställe
Zebrastreifen
övergångsställe
Mülltonne
soptunna
Ampel
trafikljus

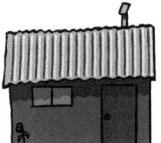

Hütte

stuga

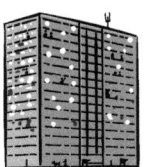

Wohnung

lägenhet

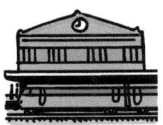

Bahnhof

tågstation

Rathaus

stadshus

MUSEUM

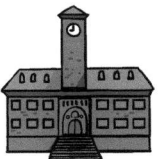

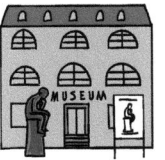

Museum

museum

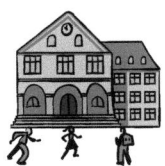

Schule

skola

Universität

universitet

Bank

bank

Krankenhaus

sjukhus

Hotel

hotell

Apotheke

apotek

Büro

kontor

Buchhandlung

bokhandel

Geschäft

affär

Blumenladen

blomsterbutik

Supermarkt

stormarknad

Markt

marknad

Kaufhaus

varuhus

Fischhändler

fiskhandlare

Einkaufszentrum

köpcentrum

Hafen

hamn

Park
....
park

Bank
....
bänk

Brücke
....
brygga

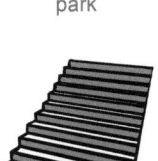

Treppe
....
trappa

U-Bahn
....
tunnelbana

Tunnel
....
tunnel

Bushaltestelle
....
busshållplats

Bar
....
bar

Restaurant
....
restaurang

Briefkasten
....
brevlåda

Straßenschild
....
gatuskylt

Parkuhr
....
parkeringsautomat

Zoo
....
zoo

Badeanstalt
....
simbassäng

Moschee
....
moské

Bauernhof

bondgård

Umweltverschmutzung

förorening

Friedhof

kyrkogård

Kirche

kyrka

Spielplatz

lekplats

Tempel

tempel

Landschaft
landskap

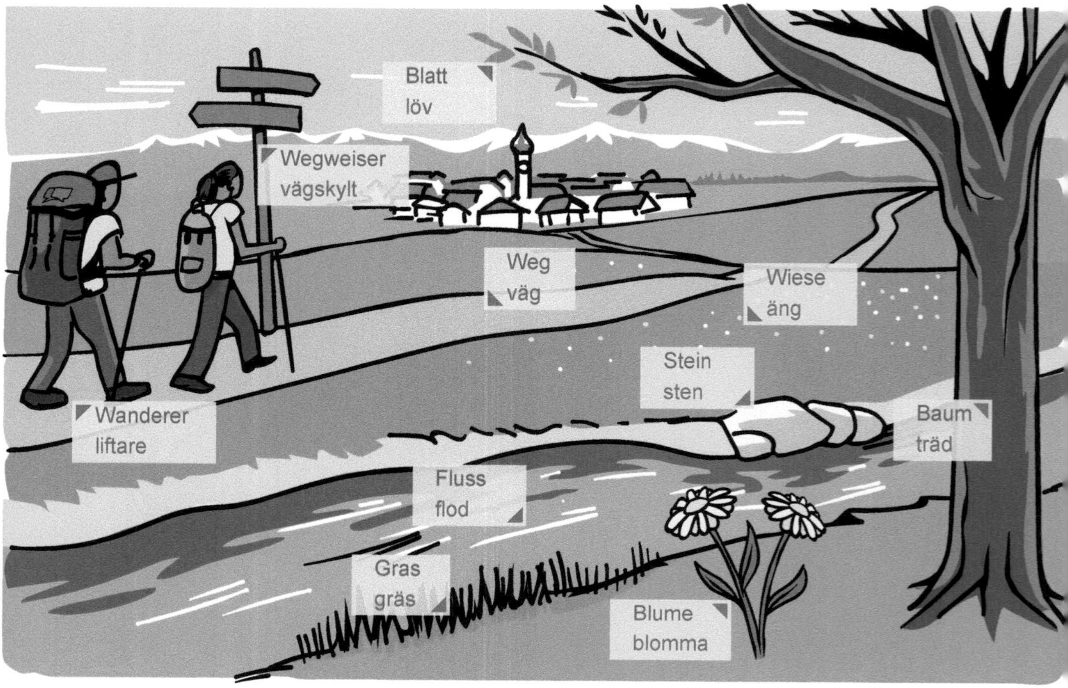

Blatt
löv

Wegweiser
vägskylt

Weg
väg

Wiese
äng

Stein
sten

Wanderer
liftare

Baum
träd

Fluss
flod

Gras
gräs

Blume
blomma

14

Tal
dal

Berg
kulle

See
sjö

Wald
skog

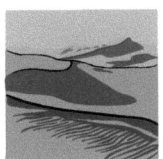

Wüste
öken

Vulkan
vulkan

Schloss
slott

Regenbogen
regnbåge

Pilz
svamp

Palme
palm

Moskito
mygga

Fliege
fluga

Ameise
myra

Biene
bi

Spinne
spindel

Käfer

skalbagge

Frosch

groda

Eichhörnchen

ekorre

Igel

igelkott

Hase

hare

Eule

uggla

Vogel

fågel

Schwan

svan

Wildschwein

vildsvin

Hirsch

rådjur

Elch

älg

Staudamm

damm

Windrad

vindkraftverk

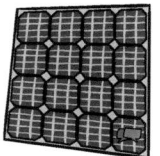

Solarmodul

solcellspanel

Klima

klimat

Restaurant
restaurang

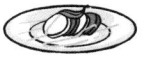

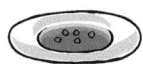

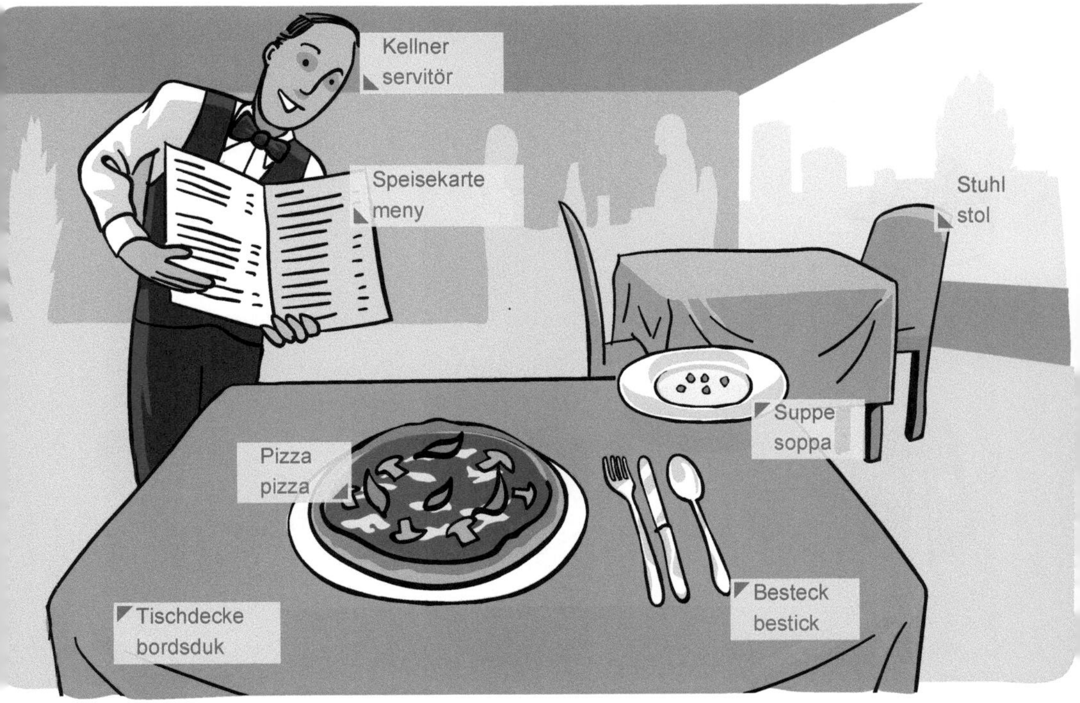
Kellner
servitör
Speisekarte
meny
Stuhl
stol
Suppe
soppa
Pizza
pizza
Besteck
bestick
Tischdecke
bordsduk

Vorspeise

förrätt

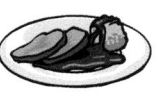

Hauptgericht

huvudrätt

Nachspeise

dessert

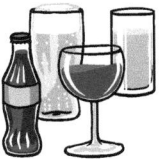

Getränke

drycker

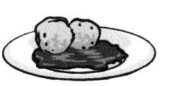

Essen

mat

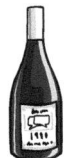

Flasche

flaska

Fastfood

snabbmat

Streetfood

street food

Teekanne

tekanna

Zuckerdose

sockerskål

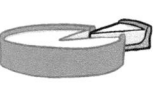

Portion

portion

Espressomaschine

espressomaskin

Hochstuhl

barnstol

Rechnung

räkning

Tablett

bricka

Messer

kniv

Gabel

gaffel

Löffel

sked

Teelöffel

tesked

Serviette

servett

Glas

glas

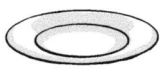

Teller

tallrik

Suppenteller

sopptallrik

Untertasse

tefat

Sauce

sås

Salzstreuer

saltkar

Pfeffermühle

pepparkvarn

Essig

vinäger

Öl

olja

Gewürze

kryddor

Ketchup

ketchup

Senf

senap

Mayonnaise

majonnäs

Supermarkt
stormarknad

Angebot
specialerbjudande
FOR
Kunde
kund
Milchprodukte
mejeriprodukter
Obst
frukt
Einkaufswagen
varukorg

BUTCHERS

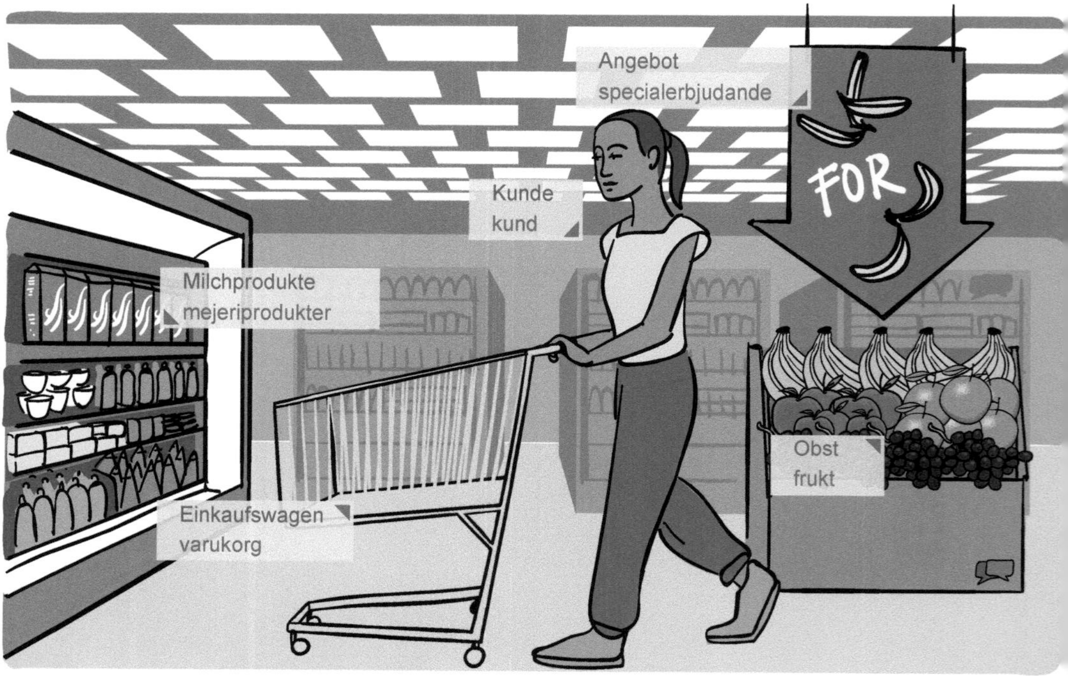

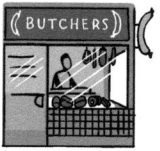

Schlachterei
charkuteri

BAKERY

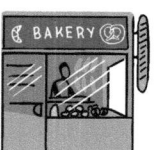

Bäckerei
bageri

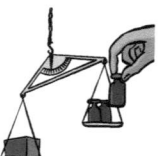

wiegen
väga

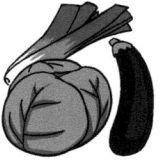

Gemüse
grönsaker

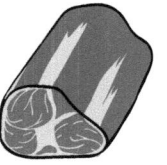

Fleisch
kött

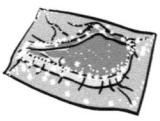

Tiefkühlkost
frysta livsmedel

Aufschnitt

pålägg

Konserven

konserver

Waschmittel

tvättmedel

Süßigkeiten

godis

Haushaltsartikel

hushållsprodukter

Reinigungsmittel

rengöringsmedel

Verkäuferin

försäljare

Kasse

kassa

Kassierer

kassör

Einkaufsliste

inköpslista

Öffnungszeiten

öppettider

Brieftasche

plånbok

Kreditkarte

kreditkort

Tasche

väska

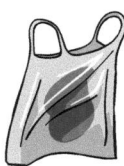

Plastiktüte

plastpåse

Wasser

vatten

Saft

juice

Milch

mjölk

Cola

cola

Wein

vin

Bier

öl

Alkohol

alkohol

Kakao

kakao

Tee

te

Kaffee

kaffe

Espresso

espresso

Cappuccino

cappuccino

Banane

banan

Apfel

äpple

Orange

apelsin

Melone

melon

Zitrone

citron

Karotte

morot

Knoblauch

vitlök

Bambus

bambu

Zwiebel

lök

Pilz

svamp

Nüsse

nötter

Nudeln

nudlar

Spaghetti

spaghetti

Reis

ris

Salat

sallad

Pommes frites

pommes frites

Bratkartoffeln

stekt potatis

Pizza

pizza

Hamburger

hamburgare

Sandwich

smörgås

Schnitzel

schnitzel

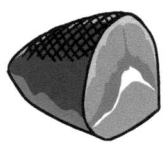

Schinken

skinka

Salami

salami

Wurst

korv

Huhn

kyckling

Braten

stek

Fisch

fisk

Essen - mat

Haferflocken

havregryn

Müsli

müsli

Cornflakes

cornflakes

Mehl

mjöl

Croissant

croissant

Brötchen

fralla

Brot

bröd

Toast

rostat bröd

Kekse

kex

Butter

smör

Quark

kvarg

Kuchen

kaka

Ei

ägg

Spiegelei

stekt ägg

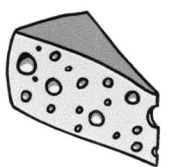

Käse

ost

Eiscreme

glass

Zucker

socker

Honig

honung

Marmelade

sylt

Nougat-Creme

nougatkräm

Curry

curry

Bauernhof
bondgård

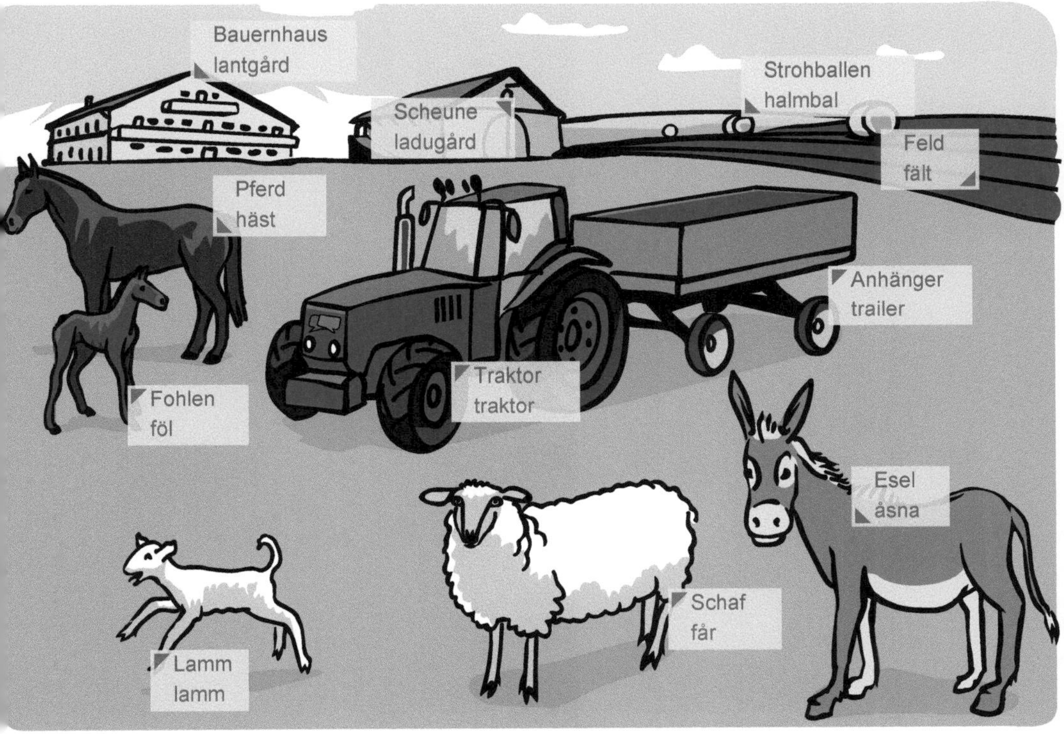
Bauernhaus
lantgård
Scheune
ladugård
Strohballen
halmbal
Feld
fält
Pferd
häst
Anhänger
trailer
Traktor
traktor
Fohlen
föl
Esel
åsna
Schaf
får
Lamm
lamm

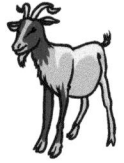

Ziege

get

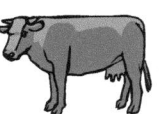

Kuh

ko

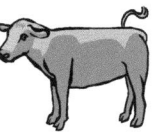

Kalb

kalv

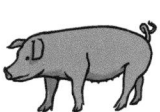

Schwein

gris

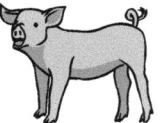

Ferkel

griskulting

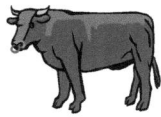

Bulle

tjur

Gans

gås

Ente

anka

Küken

kyckling

Huhn

höna

Hahn

tupp

Ratte

råtta

Katze

katt

Maus

mus

Ochse

oxe

Hund

hund

Hundehütte

hundkoja

Gartenschlauch

trädgårdsslang

Gießkanne

vattenkanna

Sense

lie

Pflug

plog

Sichel

skära

Hacke

hacka

Mistgabel

högaffel

Axt

yxa

Schubkarre

skottkärra

Trog

tråg

Milchkanne

mjölkflaska

Sack

säck

Zaun

staket

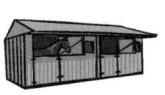

Stall

stall

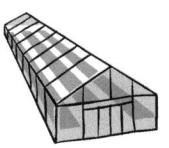

Treibhaus

växthus

Boden

jord

Saat

säd

Dünger

gödsel

Mähdrescher

skördetröska

ernten

skörda

Ernte

skörd

Yamswurzel

jams

Weizen

vete

Soja

soja

Kartoffel

potatis

Mais

majs

Raps

raps

Obstbaum

fruktträd

Maniok

maniok

Getreide

spannmål

Haus
hus

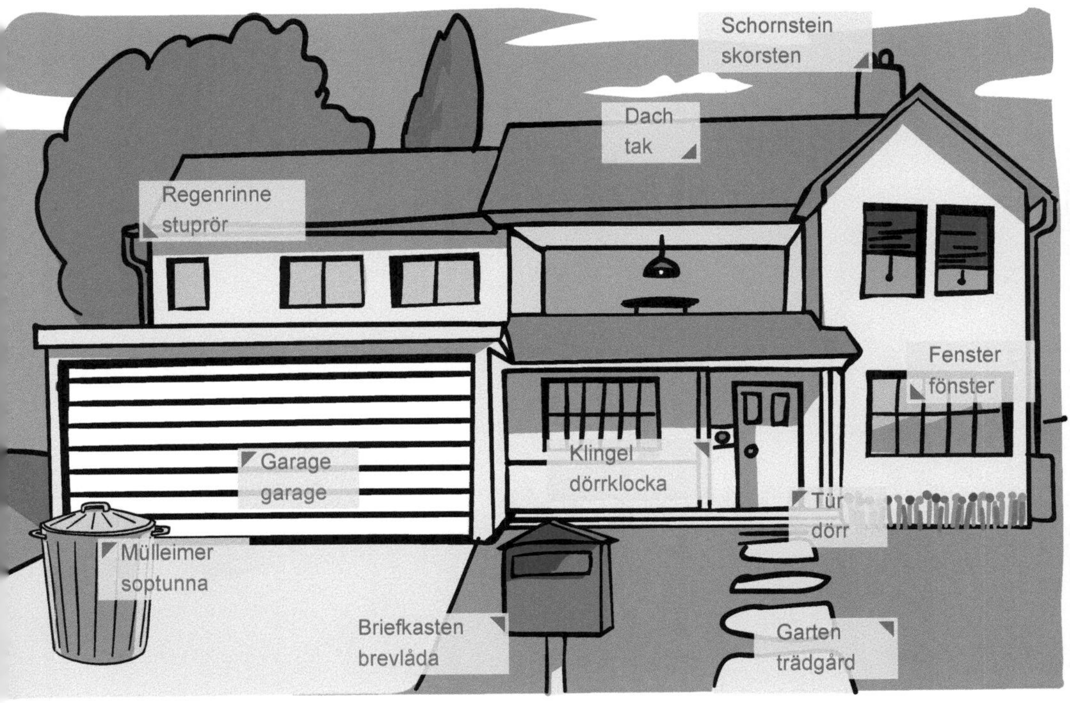
Schornstein
skorsten
Dach
tak
Regenrinne
stuprör
Fenster
fönster
Garage
garage
Klingel
dörrklocka
Tür
dörr
Mülleimer
soptunna
Briefkasten
brevlåda
Garten
trädgård

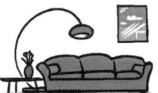

Wohnzimmer

vardagsrum

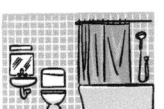

Badezimmer

badrum

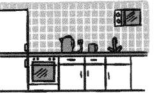

Küche

kök

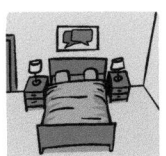

Schlafzimmer

sovrum

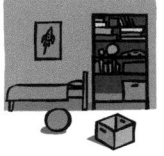

Kinderzimmer

barnrum

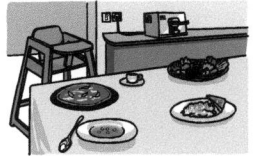

Esszimmer

matsal

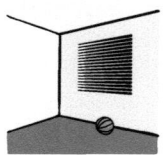

Boden

golv

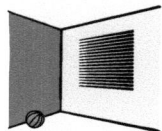

Wand

vägg

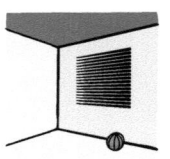

Decke

tak

Keller

källare

Sauna

bastu

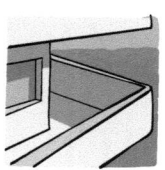

Balkon

balkong

Terrasse

terrass

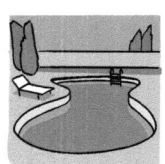

Schwimmbad

bassäng

Rasenmäher

gräsklippare

Bettbezug

lakan

Bettdecke

överkast

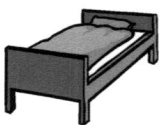

Bett

säng

Besen

kvast

Eimer

hink

Schalter

strömbrytare

Wohnzimmer
vardagsrum

Tapete
tapet
Bild
bild
Lampe
lampa
Regal
hylla
Schrank
skåp
Fernseher
TV
Kamin
eldstad
Blume
blomma
Kissen
kudde
Sofa
soffa
Vase
vas
Fernbedienung
fjärrkontroll

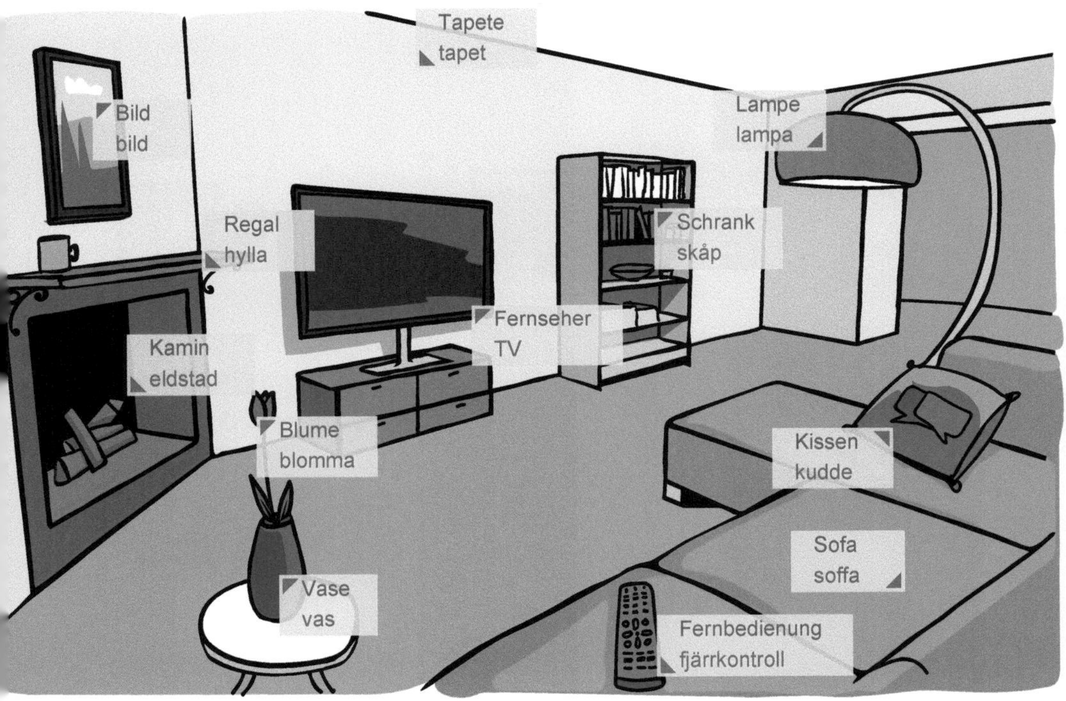

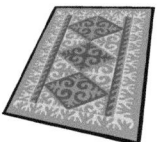

Teppich

matta

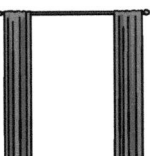

Vorhang

gardin

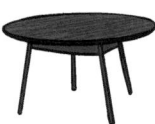

Tisch

bord

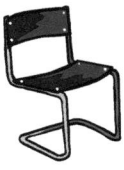

Stuhl

stol

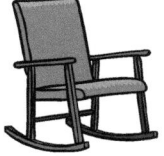

Schaukelstuhl

gungstol

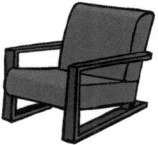

Sessel

fåtölj

Buch
bok

Decke
filt

Dekoration
dekoration

Feuerholz
vedträ

Film
film

Stereoanlage
stereoanläggning

Schlüssel
nyckel

Zeitung
dagstidning

Gemälde
målning

Poster
poster

Radio
radio

Notizblock
anteckningsbok

Staubsauger
dammsugare

Kaktus
kaktus

Kerze
stearinljus

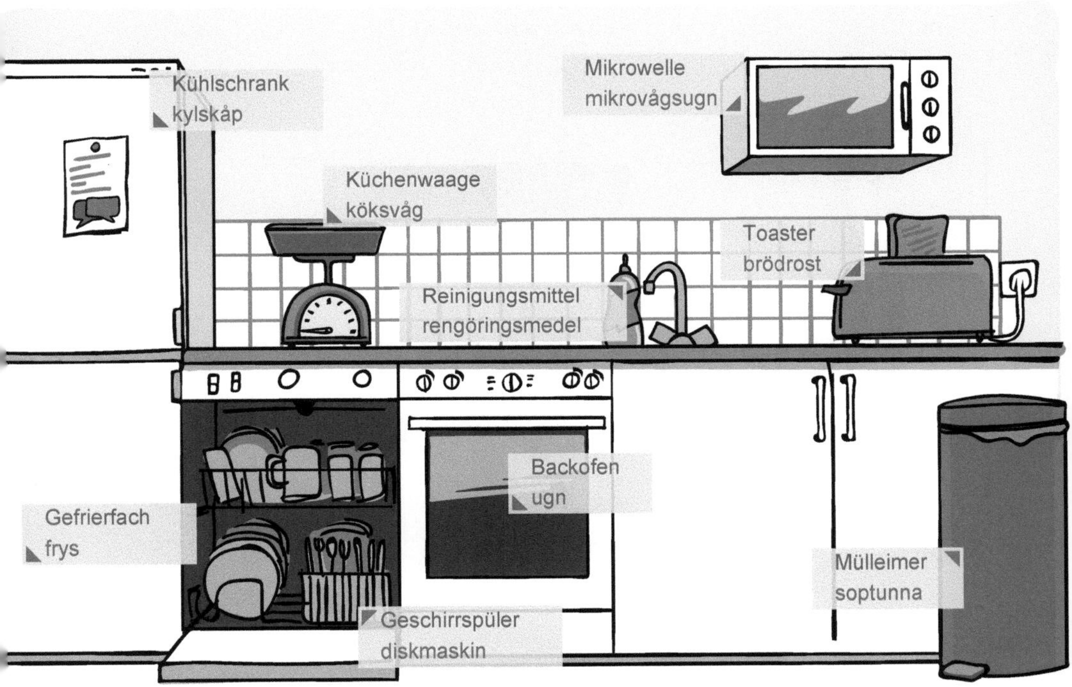

Kühlschrank
kylskåp

Mikrowelle
mikrovågsugn

Küchenwaage
köksvåg

Toaster
brödrost

Reinigungsmittel
rengöringsmedel

Gefrierfach
frys

Backofen
ugn

Mülleimer
soptunna

Geschirrspüler
diskmaskin

Herd

spis

Topf

kastrull

Eisentopf

järngryta

Wok / Kadai

wok / kadai

Pfanne

stekpanna

Wasserkocher

vattenkokare

Dampfgarer

ångkokare

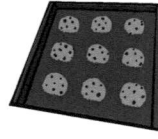

Backblech

bakplåt

Geschirr

porslin

Becher

mugg

Schale

skål

Essstäbchen

ätpinnar

Suppenkelle

soppslev

Pfannenwender

stekspade

Schneebesen

visp

Kochsieb

durkslag

Sieb

sil

Reibe

rivjärn

Mörser

mortel

Grill

grill

Feuerstelle

brasa

Schneidebrett

skärbräda

Nudelholz

kavel

Korkenzieher

korkskruv

Dose

burk

Dosenöffner

burköppnare

Topflappen

grytlapp

Waschbecken

vask

Bürste

borste

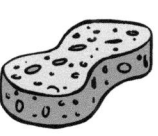

Schwamm

svamp

Mixer

mixer

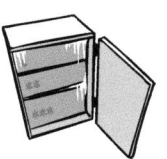

Gefriertruhe

frys

Babyflasche

nappflaska

Wasserhahn

kran

Küche - kök

Badezimmer
badrum

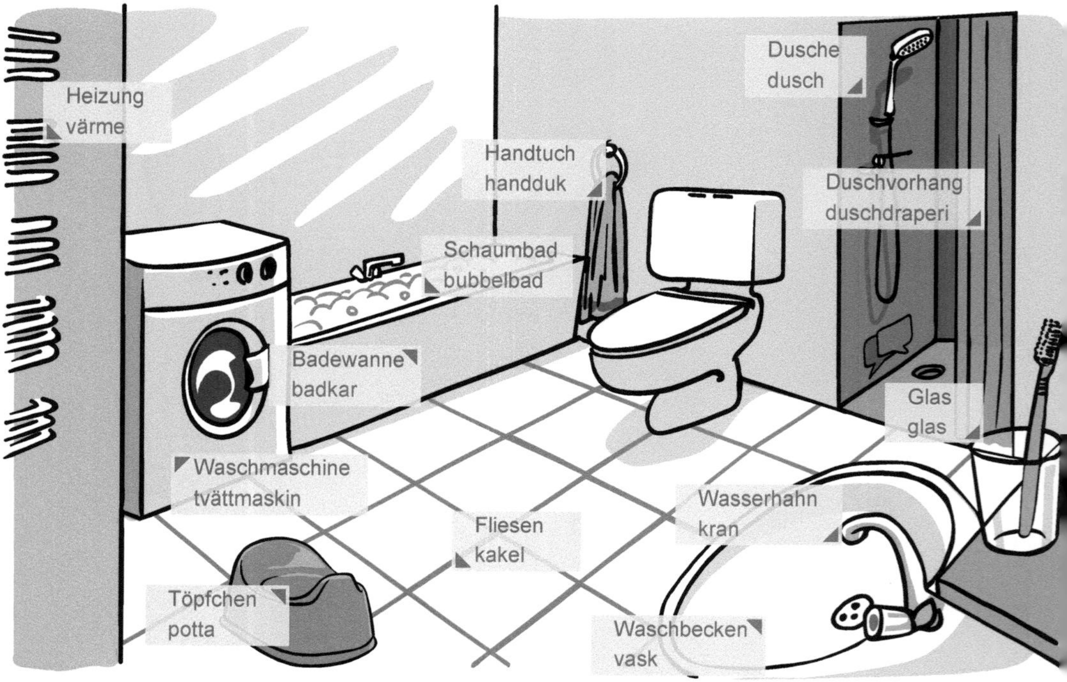
Heizung
värme
Dusche
dusch
Handtuch
handduk
Duschvorhang
duschdraperi
Schaumbad
bubbelbad
Badewanne
badkar
Glas
glas
Waschmaschine
tvättmaskin
Wasserhahn
kran
Fliesen
kakel
Töpfchen
potta
Waschbecken
vask

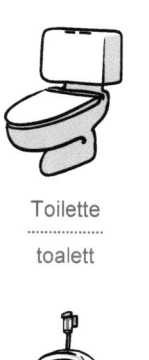

Toilette

toalett

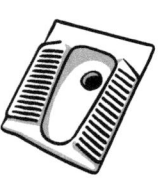

Hocktoilette

låg toalett

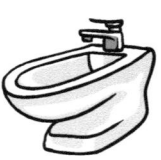

Bidet

bidet

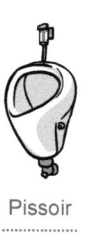

Pissoir

pissoar

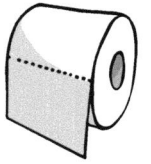

Toilettenpapier

toalettpapper

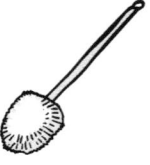

Toilettenbürste

toalettborste

Zahnbürste
tandborste

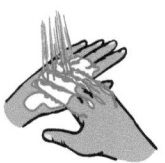

Zahnpasta
tandkräm

Zahnseide
tandtråd

waschen
tvätta

Handbrause
handdusch

Intimdusche
intimdusch

Waschschüssel
handfat

Rückenbürste
ryggborste

Seife
tvål

Duschgel
duschgel

Shampoo
schampo

Waschlappen
trasa

Abfluss
avlopp

Creme
crème

Deodorant
deodorant

Spiegel

spegel

Kosmetikspiegel

handspegel

Rasierer

rakhyvel

Rasierschaum

raklödder

Rasierwasser

rakvatten

Kamm

kam

Bürste

borste

Föhn

hårtork

Haarspray

hårspray

Makeup

smink

Lippenstift

läppstift

Nagellack

nagellack

Watte

bomullsvadd

Nagelschere

nagelsax

Parfum

parfym

Kulturbeutel

necessär

Hocker

pall

Waage

våg

Bademantel

badrock

Gummihandschuhe

gummihandskar

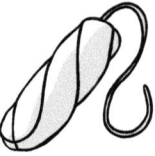

Tampon

tampong

Damenbinde

binda

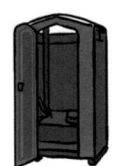

Chemietoilette

kemisk toalett

Kinderzimmer
barnrum

Wecker
väckarklocka
Kuscheltier
gosedjur
Spielzeugauto
leksaksbil
Rassel
skallra
Puppenhaus
dockhus
Geschenk
present

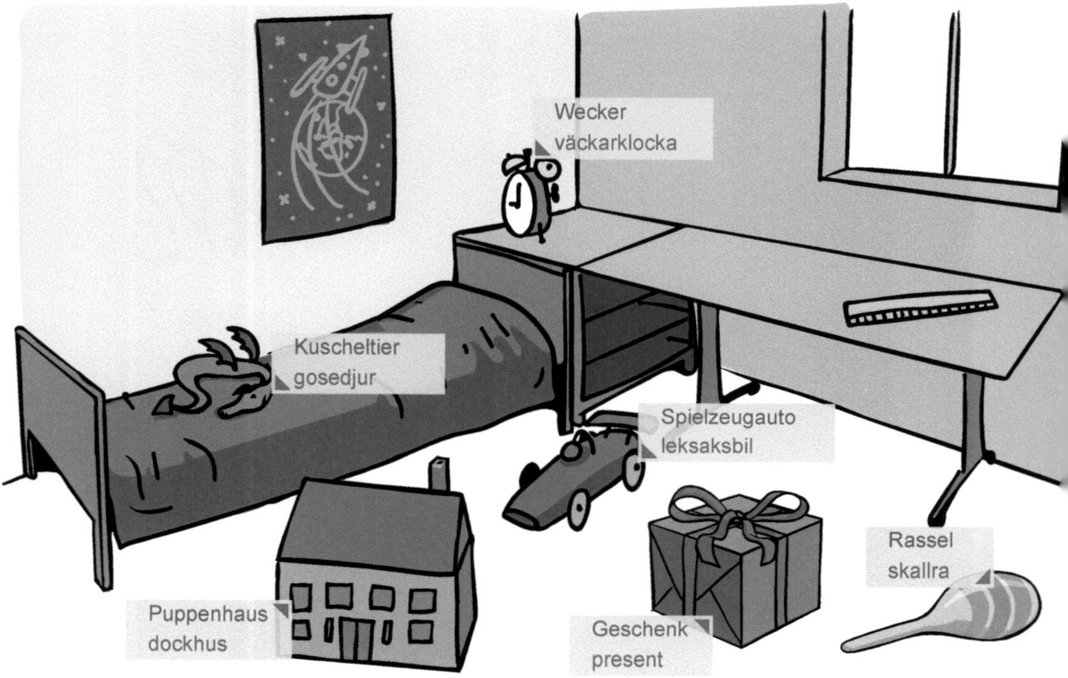

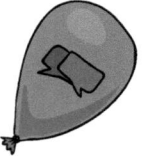

Ballon
ballong

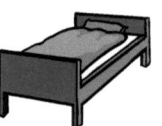

Bett
säng

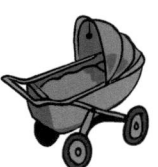

Kinderwagen
barnvagn

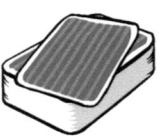

Kartenspiel
kortlek

Puzzle
pussel

SUPER
MEGA

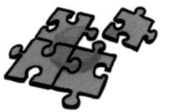

Comic
serietidning

Legosteine

legobitar

Bausteine

klossar

Action Figur

actionfigur

Strampelanzug

sparkdräkt

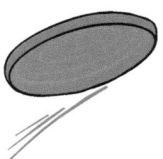

Frisbee

frisbee

Mobile

mobil

Brettspiel

brädspel

Würfel

tärning

Modelleisenbahn

modelljärnväg

Schnuller

napp

Party

party

Bilderbuch

bilderbok

Ball

boll

Puppe

docka

spielen

spela

Sandkasten

sandlåda

Schaukel

gunga

Spielzeug

leksaker

Spielkonsole

spelkonsol

Dreirad

trehjuling

Teddy

nalle

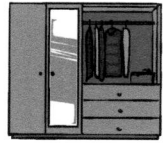

Kleiderschrank

garderob

Kleidung
kläder

Socken

sockar

Strümpfe

strumpor

Strumpfhose

tights

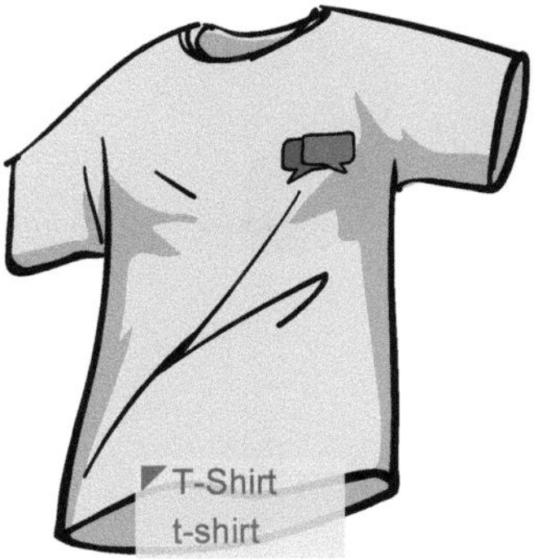

Schal
halsduk

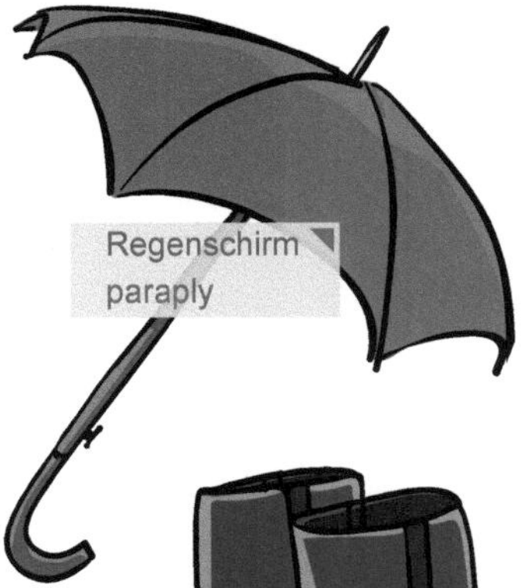

Gürtel
bälte

Regenschirm
paraply

T-Shirt
t-shirt

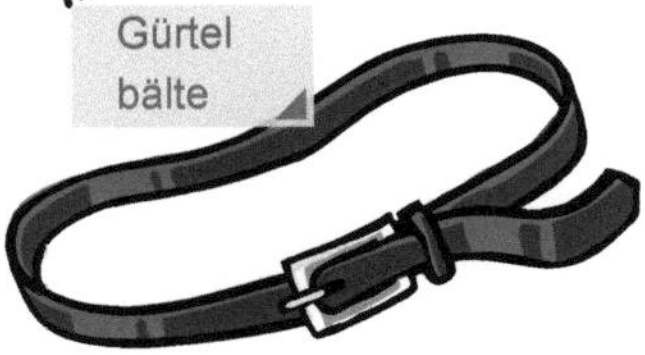

Turnschuhe
sneakers

Stiefel
stövlar

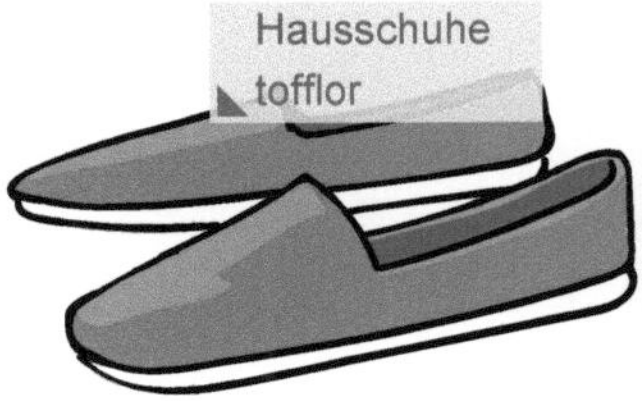

Hausschuhe
tofflor

Sandalen
....
sandaler

Schuhe
....
skor

Gummistiefel
....
gummistövlar

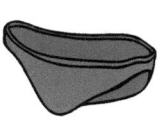

Unterhose
....
underbyxor

Büstenhalter
....
BH

Unterhemd
....
linne

Body
body

Hose
byxor

Jeans
jeans

Rock
kjol

Bluse
blus

Hemd
skjorta

Pullover
pullover

Kapuzenpullover
sweater

Blazer
blazer

Jacke
jacka

Mantel
kappa

Regenmantel
regnjacka

Kostüm
dräkt

Kleid
klänning

Hochzeitskleid
bröllopsklänning

Kleidung - kläder

Anzug

kostym

Nachthemd

nattlinne

Schlafanzug

pyjamas

Sari

sari

Kopftuch

slöja

Turban

turban

Burka

burka

Kaftan

kaftan

Abaya

abaya

Badeanzug

baddräkt

Badehose

badbyxor

Kurze Hose

shorts

Trainingsanzug

träningsoverall

Schürze

förkläde

Handschuhe

handskar

Knopf

knapp

Brille

glasögon

Armband

armband

Halskette

halsband

Ring

ring

Ohrring

örhänge

Mütze

mössa

Kleiderbügel

galge

Hut

hatt

Krawatte

slips

Reißverschluss

dragkedja

Helm

hjälm

Hosenträger

hängslen

Schuluniform

skoluniform

Uniform

uniform

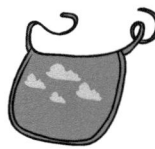

Lätzchen

haklapp

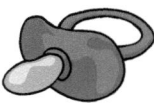

Schnuller

napp

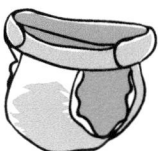

Windel

blöja

Büro
kontor

Server
server
Aktenschrank
dokumentskåp
Drucker
skrivare
Papier
papper
Monitor
bildskärm
Maus
mus
Schreibtisch
skrivbord
Ordner
mapp
Tastatur
tangentbord
Papierkorb
papperskorg
Computer
dator
Stuhl
stol

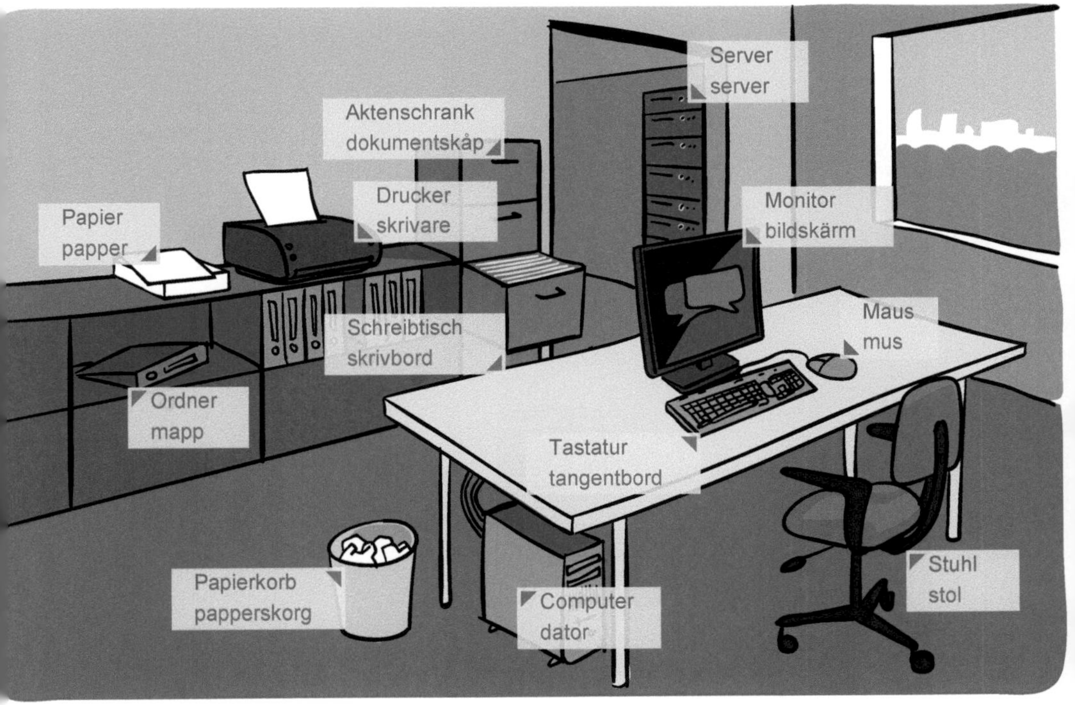

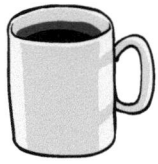

Kaffeebecher

kaffemugg

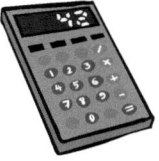

Taschenrechner

miniräknare

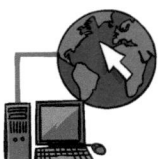

Internet

internet

Laptop

bärbar dator

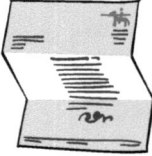

Brief

brev

Nachricht

meddelande

Handy

mobiltelefon

Netzwerk

nätverk

Kopierer

kopieringsapparat

Software

programvara

Telefon

telefon

Steckdose

vägguttag

Fax

fax

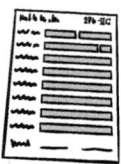

Formular

blankett

Dokument

dokument

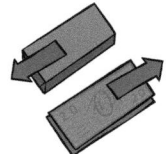

kaufen

köpa

bezahlen

betala

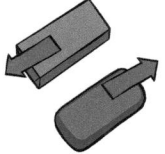

handeln

handla

Geld

pengar

Dollar

dollar

Euro

euro

Yen

yen

Rubel

rubel

Franken

schweizisk franc

Renminbi Yuan

renminbi yan

Rupie

rupie

Geldautomat

bankomat

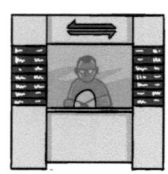

Wechselstube

växelkontor

Gold

guld

Silber

silver

Öl

olja

Energie

energi

Preis

pris

Vertrag

kontrakt

Steuer

skatt

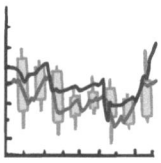

Aktie

aktie

arbeiten

arbeta

Angestellter

anställd

Arbeitgeber

arbetsgivare

Fabrik

fabrik

Geschäft

affär

Berufe
yrken

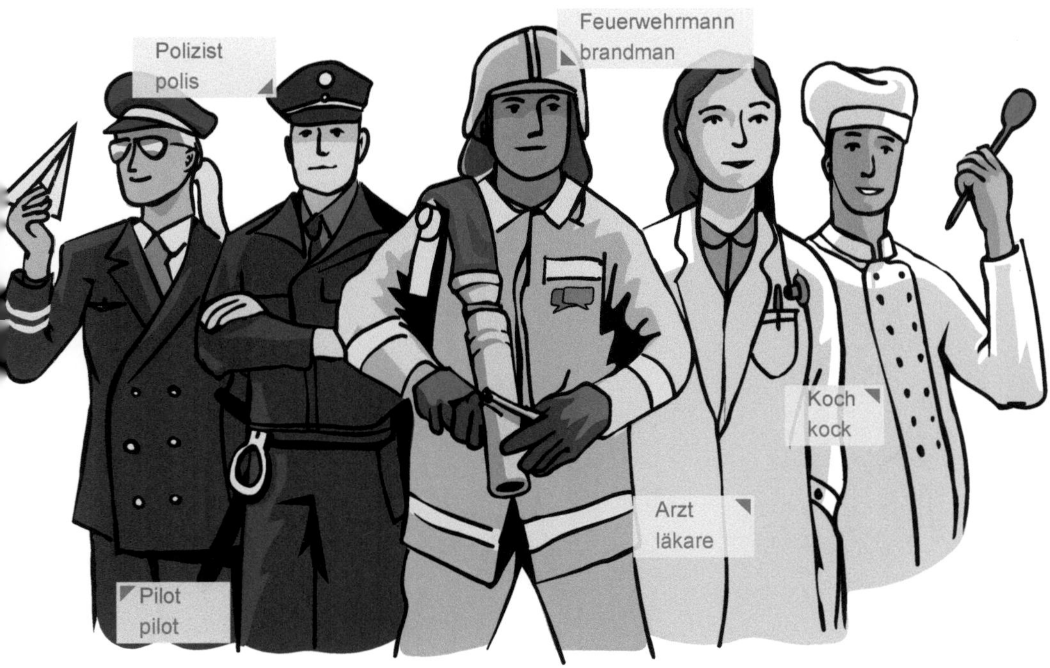
Polizist
polis
Feuerwehrmann
brandman
Koch
kock
Arzt
läkare
Pilot
pilot

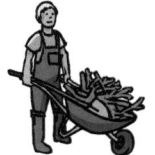

Gärtner

trädgårdsmästare

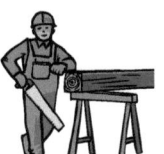

Tischler

snickare

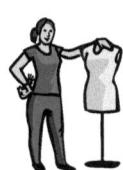

Näherin

sömmerska

Richter

domare

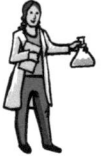

Chemiker

kemist

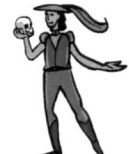

Schauspieler

skådespelare

Busfahrer

busschaufför

Taxifahrer

taxichaufför

Fischer

fiskare

Putzfrau

städerska

Dachdecker

takläggare

Kellner

servitör

Jäger

jägare

Maler

målare

Bäcker

bagare

Elektriker

elektriker

Bauarbeiter

byggarbetare

Ingenieur

ingenjör

Schlachter

slaktare

Klempner

rörmokare

Postbote

brevbärare

Soldat

soldat

Architekt

arkitekt

Kassierer

kassör

Florist

florist

Friseur

frisör

Schaffner

konduktör

Mechaniker

mekaniker

Kapitän

kapten

Zahnarzt

tandläkare

Wissenschaftler

vetenskapsman

Rabbi

rabbin

Imam

imam

Mönch

munk

Geistlicher

präst

Werkzeuge
verktyg

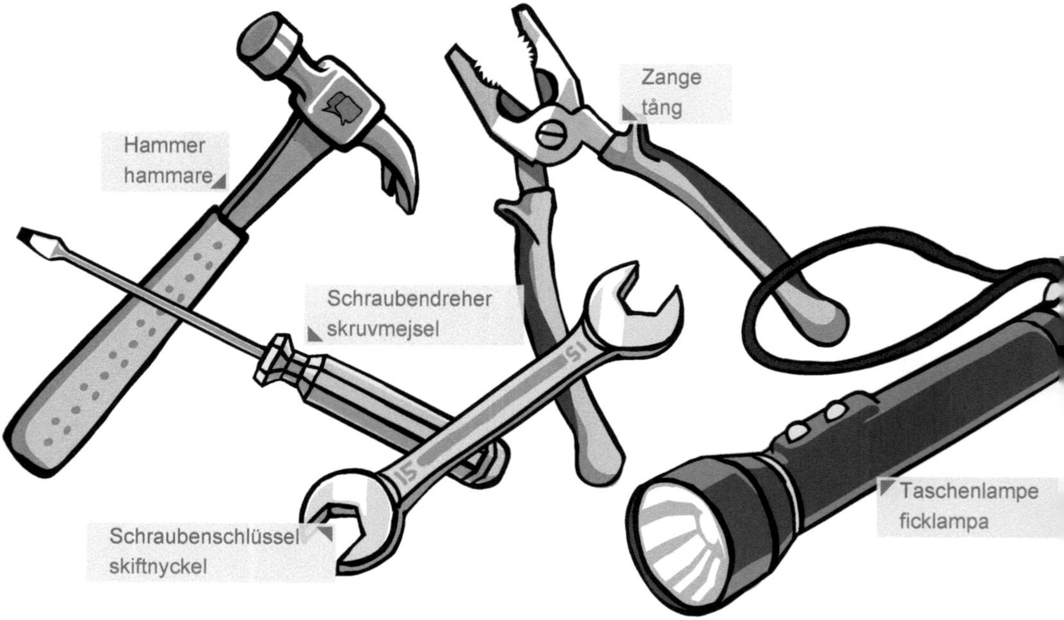
Hammer
hammare
Zange
tång
Schraubendreher
skruvmejsel
Schraubenschlüssel
skiftnyckel
Taschenlampe
ficklampa

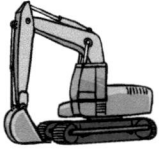

Bagger

grävmaskin

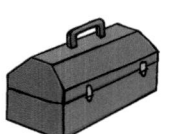

Werkzeugkasten

verktygslåda

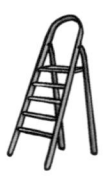

Leiter

stege

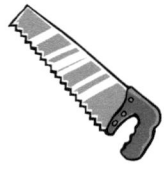

Säge

såg

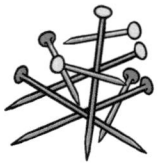

Nägel

spik

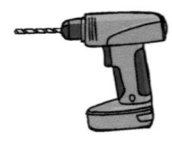

Bohrer

borr

reparieren	Schaufel	Mist!
reparera	spade	Helvete!
		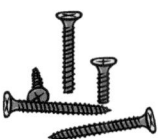
Kehrblech	Farbtopf	Schrauben
sopskyffel	färgburk	skruvar

Musikinstrumente
musikinstrument

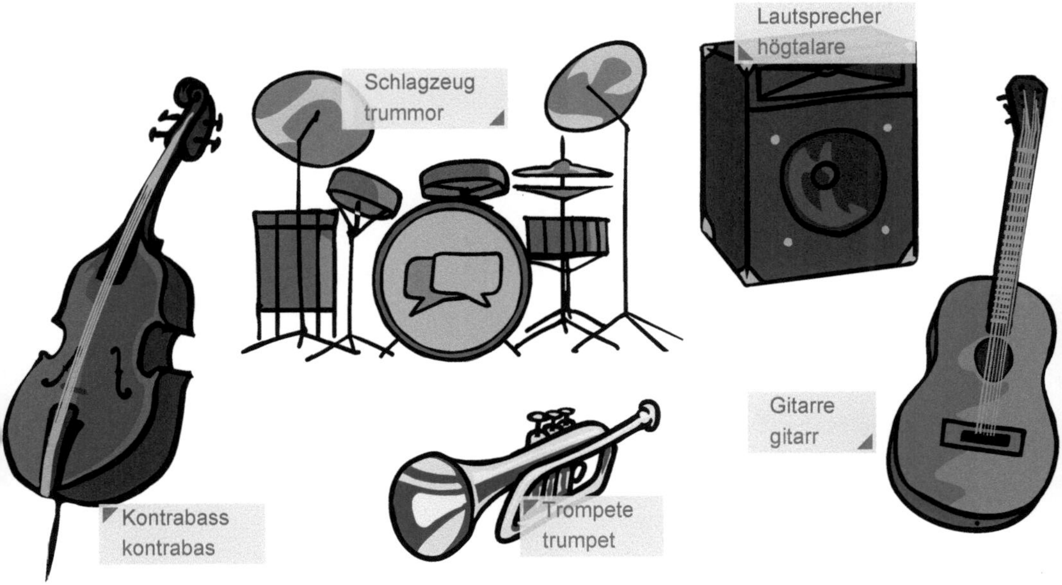

Lautsprecher
högtalare

Schlagzeug
trummor

Gitarre
gitarr

Kontrabass
kontrabas

Trompete
trumpet

Klavier

piano

Violine

violin

Bass

bas

Pauke

timpani

Trommeln

trumma

Keyboard

keyboard

Saxophon

saxofon

Flöte

flöjt

Mikrofon

mikrofon

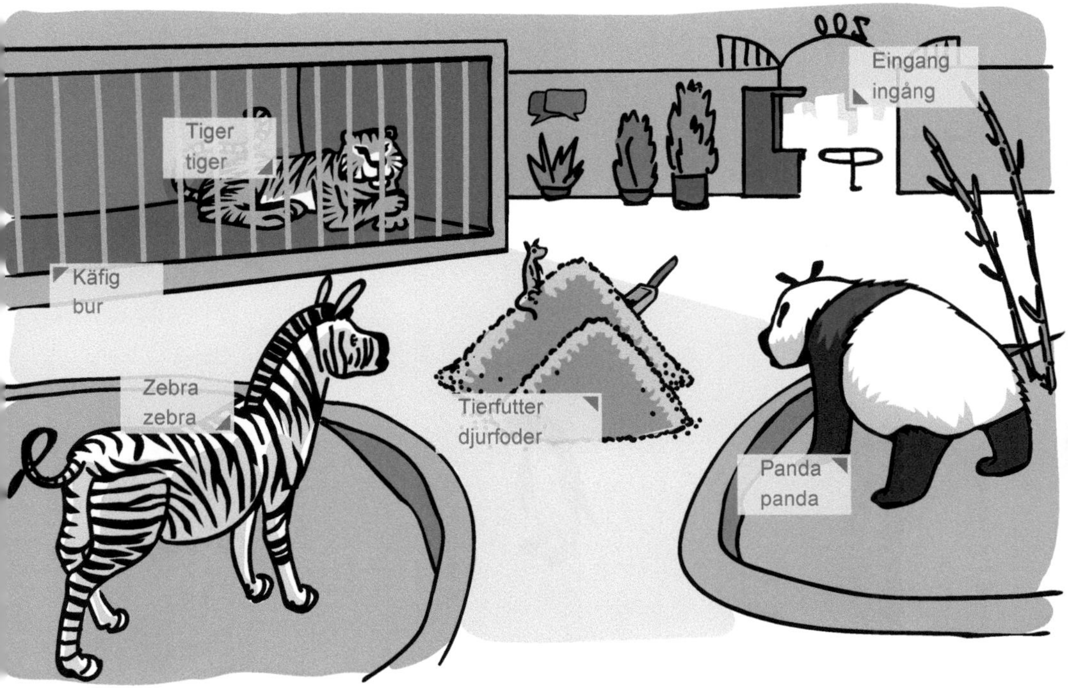

Eingang
ingång

Tiger
tiger

Käfig
bur

Zebra
zebra

Tierfutter
djurfoder

Panda
panda

Tiere
djur

Elefant
elefant

Känguru
känguru

Nashorn
noshörning

Gorilla
gorilla

Bär
björn

Kamel

kamel

Strauß

struts

Löwe

lejon

Affe

apa

Flamingo

flamingo

Papagei

papegoja

Eisbär

isbjörn

Pinguin

pingvin

Hai

haj

Pfau

påfågel

Schlange

orm

Krokodil

krokodil

Zoowärter

djurskötare

Robbe

säl

Jaguar

jaguar

Pony

ponny

Leopard

leopard

Nilpferd

flodhäst

Giraffe

giraff

Adler

örn

Wildschwein

vildsvin

Fisch

fisk

Schildkröte

sköldpadda

Walross

valross

Fuchs

räv

Gazelle

gazell

American Football
amerikansk fotboll

Radfahren
cykling

Tennis
tennis

Basketball
basket

Schwimmen
simning

Boxen
boxning

Eishockey
ishockey

Fußball
fotboll

Badminton
badminton

Leichtathletik
friidrott

Handball
handboll

Skilaufen
skidåkning

Polo
polo

Aktivitäten
aktiviteter

lachen
skratta
springen
hoppa
umarmen
krama
gehen
gå
singen
sjunga
träumen
drömma
beten
be
küssen
kyssa

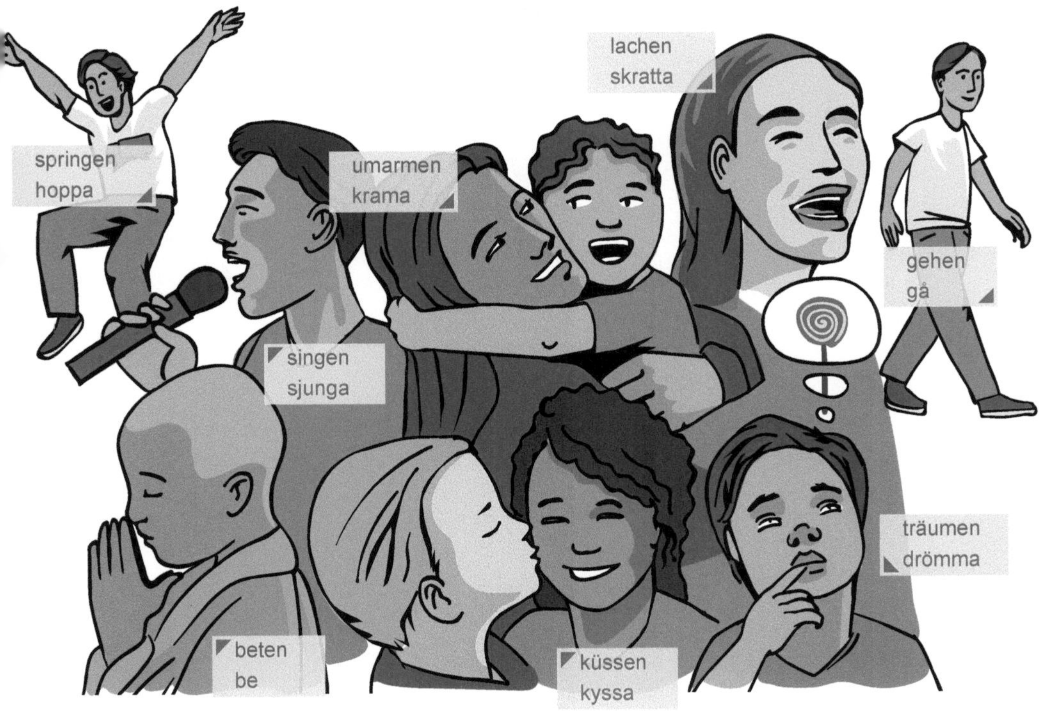

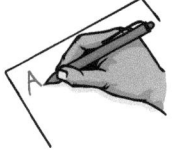

schreiben
skriva

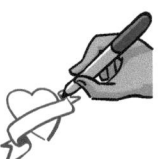

zeichnen
rita

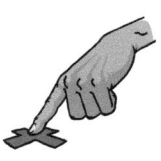

zeigen
visa

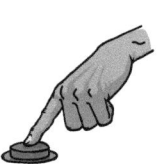

drücken
skjuta

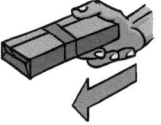

geben
ge

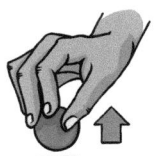

nehmen
ta

haben

hagel

tun

göra

sein

vara

stehen

stå

laufen

springa

ziehen

dra

werfen

kasta

fallen

falla

liegen

ligga

warten

vänta

tragen

bära

sitzen

sitta

anziehen

klä på

schlafen

sova

aufwachen

vakna

ansehen

se på

weinen

gråta

streicheln

smeka

kämmen

kamma

reden

prata

verstehen

förstå

fragen

fråga

hören

höra

trinken

dricka

essen

äta

aufräumen

städa

lieben

älska

kochen

laga mat

fahren

köra

fliegen

flyga

segeln

segla

rechnen

räkna

lesen

läsa

lernen

lära sig

arbeiten

arbeta

heiraten

gifta sig

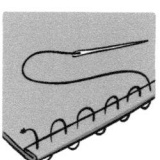

nähen

sy

Zähne putzen

borsta tänderna

töten

döda

rauchen

röka

senden

skicka

Großmutter
mormor/farmor

Großvater
morfar/farfar

Vater
pappa

Mutter
mamma

Baby
baby

Tochter
dotter

Sohn
son

Gast

gäst

Tante

moster/faster

Onkel

farbror/morbror

Bruder

bror

Schwester

syster

Körper

kropp

Stirn
panna
Auge
öga
Gesicht
ansikte
Kinn
haka
Brust
bröst
Finger
finger
Hand
hand
Arm
arm
Schulter
skuldra
Bein
ben

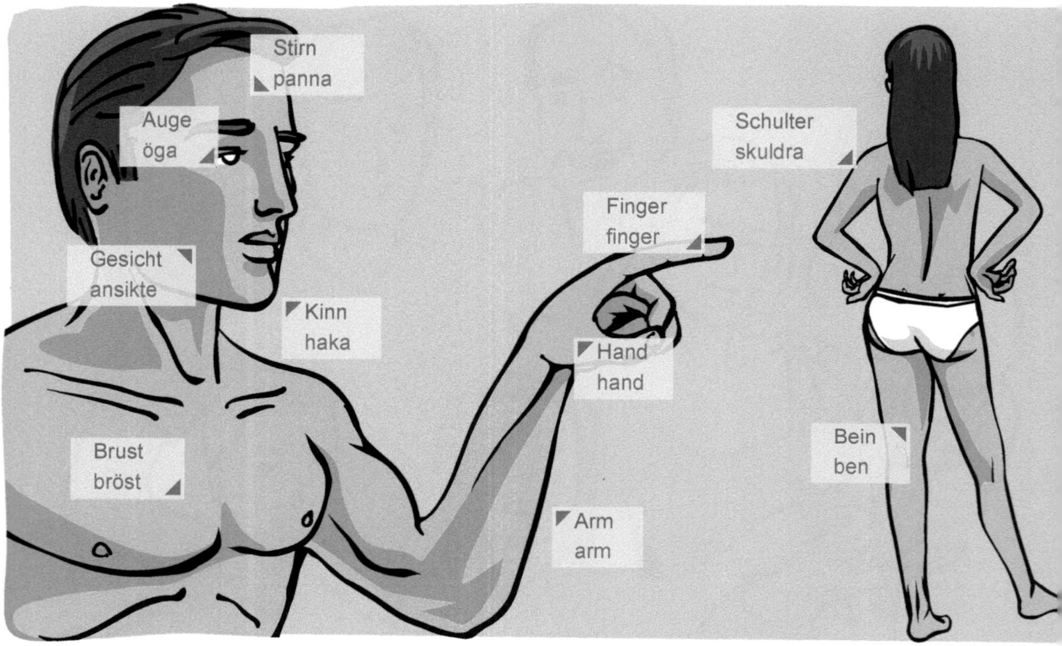

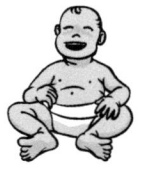

Baby

baby

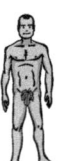

Mann

man

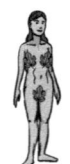

Frau

kvinna

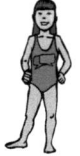

Mädchen

flicka

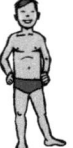

Junge

pojke

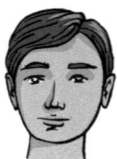

Kopf

huvud

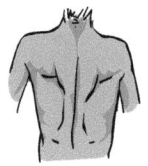	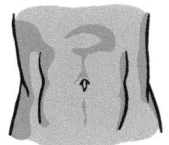	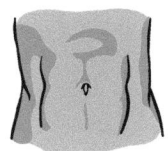
Rücken	Bauch	Nabel
rygg	mage	navel
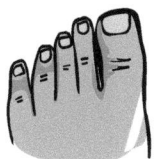	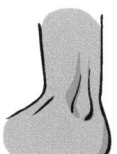	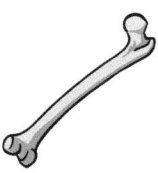
Zeh	Ferse	Knochen
tå	häl	ben
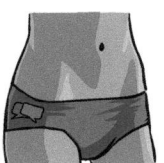	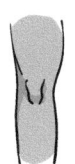	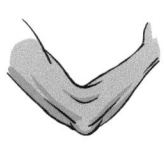
Hüfte	Knie	Ellenbogen
höft	knä	armbåge
		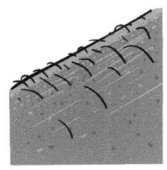
Nase	Gesäß	Haut
näsa	stjärt	hud
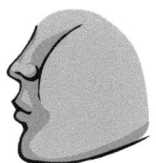	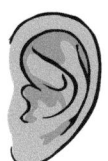	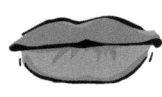
Wange	Ohr	Lippe
kind	öra	läpp

Mund

mun

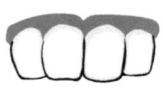

Zahn

tand

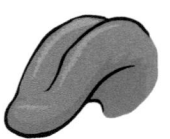

Zunge

tunga

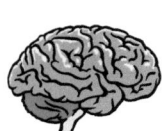

Gehirn

hjärna

Herz

hjärta

Muskel

muskel

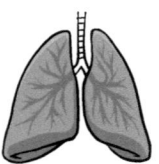

Lunge

lunga

Leber

lever

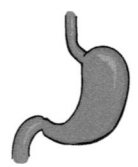

Magen

magsäck

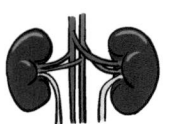

Nieren

njurar

Geschlechtsverkehr

sex

Kondom

kondom

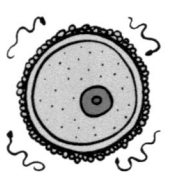

Eizelle

äggcell

Sperma

sperma

Schwangerschaft

graviditet

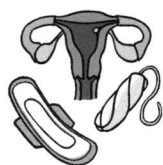

Menstruation

menstruation

Vagina

vagina

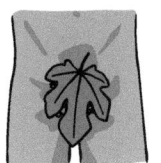

Penis

penis

Augenbraue

ögonbryn

Haar

hår

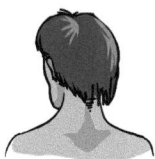

Hals

nacke

Krankenhaus
sjukhus

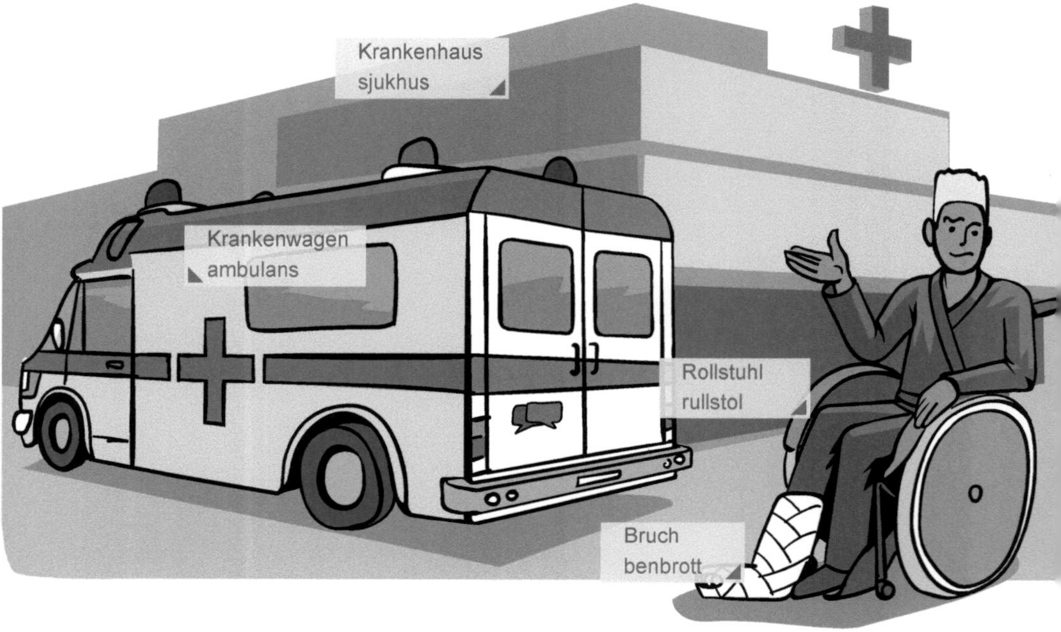

Krankenhaus
sjukhus
Krankenwagen
ambulans
Rollstuhl
rullstol
Bruch
benbrott

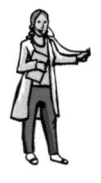

Arzt

läkare

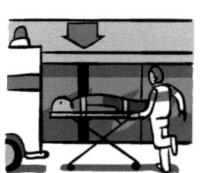

Notaufnahme

akutmottagning

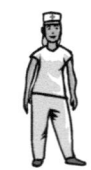

Krankenschwester

sjuksköterska

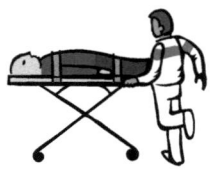

Notfall

nödsituation

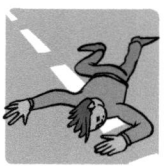

ohnmächtig

medvetslös

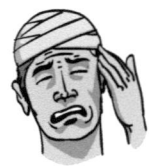

Schmerz

smärta

Verletzung

skada

Blutung

blödning

Herzinfarkt

hjärtattack

Schlaganfall

slaganfall

Allergie

allergi

Husten

hosta

Fieber

feber

Grippe

influensa

Durchfall

diarré

Kopfschmerzen

huvudvärk

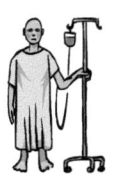

Krebs

cancer

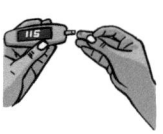

Diabetis

diabetes

Chirurg

kirurg

Skalpell

skalpell

Operation

operation

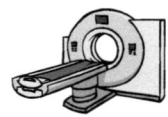

CT
CT

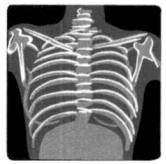

Röntgen
röntgen

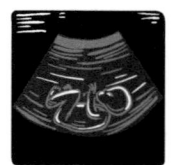

Ultraschall
ultraljud

Maske
ansiktsmask

Krankheit
sjukdom

Wartezimmer
väntsal

Krücke
krycka

Pflaster
plåster

Verband
bandage

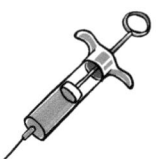

Injektion
injektion

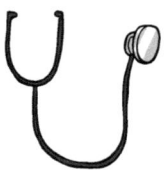

Stethoskop
stetoskop

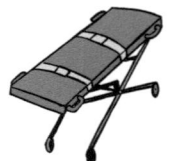

Trage
bår

Thermometer
termometer

Geburt
födsel

Übergewicht
övervikt

Hörgerät

hörapparat

Desinfektionsmittel

desinfektionsmedel

Infektion

infektion

Virus

virus

HIV / AIDS

HIV / AIDS

Medizin

medicin

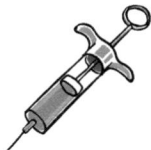

Impfung

vaccination

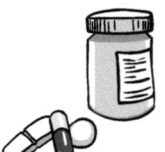

Tabletten

tabletter

Pille

p-piller

Notruf

nödsamtal

Blutdruck-Messgerät

blodtrycksmätare

krank / gesund

sjuk / frisk

Hilfe!

Hjälp!

Alarm

alarm

Überfall

överfall

Angriff

misshandel

Gefahr

fara

Notausgang

nödutgång

Feuer!

Det brinner!

Feuerlöscher

brandsläckare

Unfall

olycka

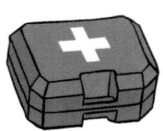

Erste-Hilfe-Koffer

förbandslåda

SOS

SOS

Polizei

polis

Europa

Europa

Nordamerika

Nordamerika

Südamerika

Sydamerika

Afrika

Afrika

Asien

Asien

Australien

Australien

Atlantik

Atlanten

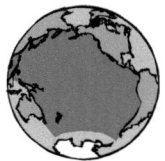

Pazifik

Stilla Havet

Indischer Ozean

Indiska Oceanen

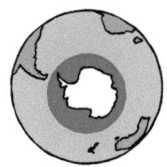

Antarktischer Ozean

Antarktiska Oceanen

Arktischer Ozean

Arktiska Oceanen

Nordpol

Nordpol

Südpol
Sydpol

Antarktis
Antarktis

Erde
Jorden

Land
land

Meer
hav

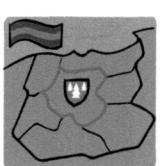

Insel
ö

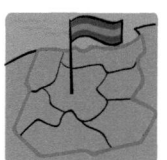

Nation
nation

Staat
stat

Zifferblatt

urtavla

Stundenzeiger

timvisare

Minutenzeiger

minutvisare

Sekundenzeiger

sekundvisare

Wie spät ist es?

Vad är klockan?

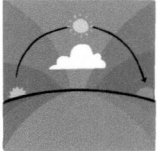

Tag

dag

Zeit

tid

jetzt

nu

Digitaluhr

digital klocka

Minute

minut

Stunde

timme

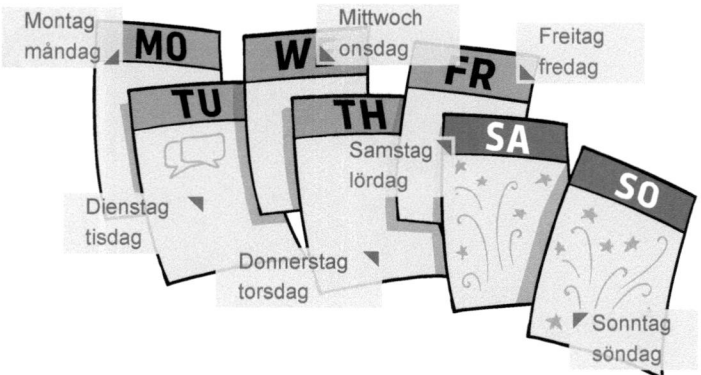

gestern
....
igår

heute
....
idag

morgen
....
imorgon

Morgen
....
morgon

Mittag
....
middag

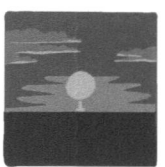

Abend
....
kväll

Arbeitstage
....
vardagar

Wochenende
....
helg

Regen
regn

Regenbogen
regnbåge

Wind
vind

Schnee
snö

Frühling
vår

Herbst
höst

Sommer
sommar

Winter
vinter

4.APRIL	11°	
5.APRIL	4°	
6.APRIL	13°	
7.APRIL	8°	
8.APRIL	10°	

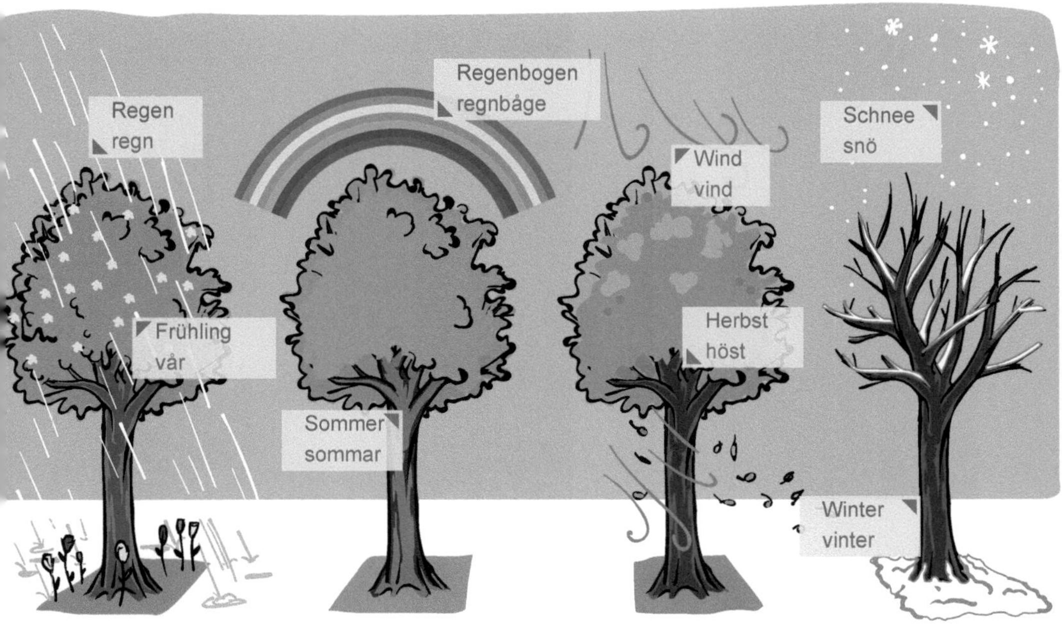

Wettervorhersage

väderprognos

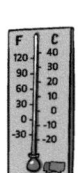

Thermometer

termometer

Sonnenschein

solsken

Wolke

moln

Nebel

dimma

Luftfeuchtigkeit

luftfuktighet

Blitz

blixt

Donner

åska

Sturm

storm

Hagel

hagel

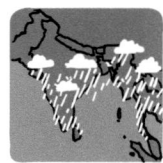

Monsun

monsun

Flut

översvämning

Eis

is

Januar

januari

Februar

februari

März

mars

April

april

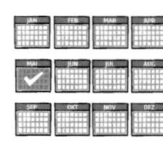

Mai

maj

Juni

juni

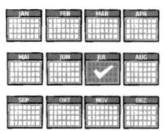

Juli

juli

August

augusti

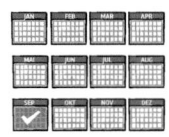

September
....
september

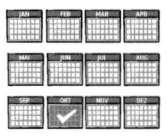

Oktober
....
oktober

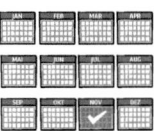

November
....
november

Dezember
....
december

Formen
former

Kreis
....
cirkel

Quadrat
....
kvadrat

Rechteck
....
rektangel

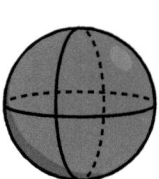

Dreieck
....
triangel

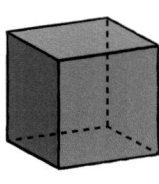

Kugel
....
sfär

Würfel
....
kub

weiß

vit

gelb

gul

orange

orange

pink

rosa

rot

röd

lila

lila

blau

blå

grün

grön

braun

brun

grau

grå

schwarz

svart

viel / wenig

mycket / lite

wütend / friedlich

arg / lugn

hübsch / hässlich

vacker / ful

Anfang / Ende

början / slut

groß / klein

stor / liten

hell / dunkel

ljus / mörk

Bruder / Schwester

bror / syster

sauber / schmutzig

ren / smutsig

vollständig / unvollständig

komplett / ofullständig

Tag / Nacht

dag / natt

tot / lebendig

död / levande

breit / schmal

bred / smal

genießbar / ungenießbar

ätlig / oätlig

böse / freundlich

ond / god

aufgeregt / gelangweilt

upphetsad / uttråkad

dick / dünn

tjock / smal

zuerst / zuletzt

först / sist

Freund / Feind

vän / fiende

voll / leer

full / tom

hart / weich

hård / mjuk

schwer / leicht

tung / lätt

Hunger / Durst

hunger / törst

krank / gesund

sjuk / frisk

illegal / legal

olaglig / laglig

intelligent / dumm

intelligent / dum

links / rechts

vänster / höger

nah / fern

nära / långt bort

Gegenteile - motsatser

neu / gebraucht

ny / begagnad

nichts / etwas

inget / något

alt / jung

gammal / ung

an / aus

på / av

offen / geschlossen

öppen / stängd

leise / laut

tyst / högljudd

reich / arm

rik / fattig

richtig / falsch

rätt / fel

rau / glatt

grov / slät

traurig / glücklich

ledsen / glad

kurz / lang

kort / lång

langsam / schnell

långsam / snabb

nass / trocken

våt / torr

warm / kühl

varm / sval

Krieg / Frieden

krig / fred

Zahlen

siffror

0	**1**	**2**
null	eins	zwei
noll	ett	två

3	**4**	**5**
drei	vier	fünf
tre	fyra	fem

6	**7**	**8**
sechs	sieben	acht
sex	sju	åtta

9	**10**	**11**
neun	zehn	elf
nio	tio	elva

12

zwölf

tolv

13

dreizehn

tretton

14

vierzehn

fjorton

15

fünfzehn

femton

16

sechzehn

sexton

17

siebzehn

sjutton

18

achtzehn

arton

19

neunzehn

nitton

20

zwanzig

tjugo

100

hundert

hundra

1.000

tausend

tusen

1.000.000

million

miljon

Englisch

engelska

Amerikanisches Englisch

amerikansk engelska

Chinesisch Mandarin

kinesisk mandarin

Hindi

hindi

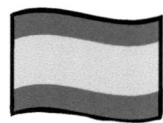

Spanisch

spanska

Französisch

franska

Arabisch

arabiska

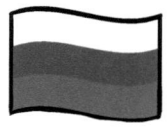

Russisch

ryska

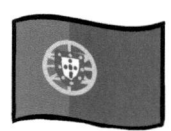

Portugiesisch

portugisiska

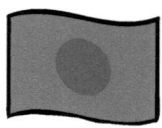

Bengalisch

bengali

Deutsch

tyska

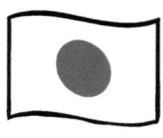

Japanisch

japanska

ich

jag

du

du

er / sie / es

han / hon / den (det)

wir

vi

ihr

ni

sie

de

wer?

vem?

was?

vad?

wie?

hur?

wo?

var?

wann?

när?

Name

namn

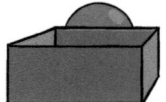

hinter

bakom

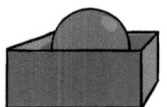

in

i

vor

framför

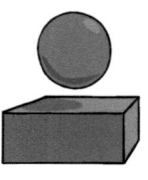

über

över

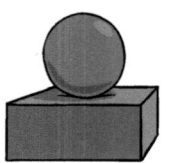

auf

på

unter

under

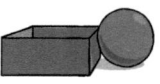

neben

bredvid

zwischen

mellan

Ort

plats